지정·지정갱신, 평가, 모니터링, 현지심사, 현지조사,
지자체 지도점검 등 대비 및 종합관리체계 구축을 위한

통원형 주·야간/단기 장기요양기관 체크리스트

사)복지마을

발간에 즈음하여

장기요양보험제도가 도입된 지도 어느덧 15년이 넘었다. 서비스의 양적 팽창으로 기관 수로는 3만개, 급여종별로는 4만 개 가까운 기관이 운영되고 있는 것과는 달리 제도·정책·전달체계·서비스·돌봄사고 및 분쟁 등 많은 부문에서의 개선과 보완이 필요한 상황이다. 여기에 더해 2018년 법 개정에 따라 2025년부터 시행예정에 있는 지정갱신제도는 시설 및 인력기준, 조직과 기관에 대한 운영능력, 재정·자원 등의 관리능력, 서비스제공의 충실성 등과 같은 주관적 지표에 대한 대응력 뿐 아니라 행정처분이력, 급여제공이력, 기관평가결과와 같은 양적 지표에 따른 종합적인 기관관리체계를 구축할 것도 함께 요구하고 있다.

특히 시설 및 인력기준, 조직과 기관에 대한 운영능력, 재정·자원 등 관리능력, 행정처분이력, 급여제공이력, 기관평가결과 등은 지정갱신 뿐 아니라 현지조사, 지도점검, 평가, 모니터링 등과 관련하여서도 매우 중요하게 취급·관리해야 할 요소일 수 밖에 없다. 그런데 현지조사를 비롯한 각종의 규제가 결코 일회성으로 끝나는 것이 아니라는 점이다. 때문에 종합적 관리체계의 지속성을 확보할 수 있는지가 관건의 핵심이 된다.

본서는 공통·입소형·통원형·가정방문형으로 구분, 기본점검항목·운영규정·조직·지침·서비스의 5가지 항목 및 총 120여개의 질문에 대한 점검사항·점수·확인사항·관계성으로 구성되어 있다. 이들 지표는 모두 이전 뿐 아니라 앞으로도 지속적으로 발생할 것이라는 점에서 서비스제공사업자들이 반드시 점검·확인하고 당장이라도 대응할 수 있도록 해야 할 것들이라고 평가할 수 있다.

필자가 사회보장·사회복지·장기요양, 스마트돌봄 등 분야에서 연구·개발·활동을 해온지도 20년이란 세월이 흘렀다. 나름 의미있는 결과들을 내어왔다고 생각하지만 그 중에서도 본서는 이러한 과제에 대한 개괄적이면서도 타당한 척도를 제시해 줄 수 있는 최초이자 가장 유용한 자료라고 자평해본다. 이 체크리스트가 기관의 합리적 운영과 종합관리체계 구축에 도움이 되길 바라는 마음이다.

2023. 10.

복지마을 사무실에서 장봉석

목차

기본(주요)점검항목 : 3문항 ········· 4

1. 운영규정 : 9문항 ········· 5

2. 조직 ········· 7
    2-가. 시설·인력 등 조직체계 : 11문항 ········· 7
    2-나. 법정인력기준준수 : 7문항 ········· 10
    2-다. 가산인력기준준수 : 2문항 ········· 10
    2-라. 조직관리 : 15문항 ········· 11
    2-마. 사업계획 및 재무 등 : 6문항 ········· 14
    2-바. 기관운영 : 10문항 ········· 16

3. 지침 ········· 18
    3-가. 고충처리지침 등 : 7문항 ········· 18
    3-나. 급여제공지침 등 : 7문항 ········· 19

4. 통원형 서비스 : 44문항 ········· 20

• 기본(주요)점검항목

항목	점검사항	점수 5	4	3	2	1	확인사항	관계성
기본점검	1. 대표 또는 법인이 행정처분을 받은 이력이 없다.	☐				☐	1. 대표자(법인) 또는 장기요양요원의 행정제재처분이력 : 부당청구, 노인학대, 재무회계규칙 위반, 평가·조사거부 등으로 인한 행정처분이 내려진 경우 ① 대표자(법인) 또는 장기요양요원의 기관행정제재처분이력 　가. 업무정지일이 총(누적) 180일 이상인 경우(지정취소, 폐쇄명령 포함) 또는 노인학대, 평가·조사거부에 따른 행정처분 발생 시 : 감점 20점 　나. 업무정지일이 총 91일 ~ 179일인 경우 : 감점 15점 　다. 업무정지일이 총 31일 ~ 90일인 경우 : 감점 10점 　라. 업무정지일이 총 30일 이하인 경우 : 감점 5점 2. 위 감점기준은 지정신청일 기준 6년 이내 업무정지일수의 합으로 산출 3. 법인 또는 대표를 기준으로 함 : 예) 법인산하 시설이 업무정지 90일로 10점이 감점된 경우 다른 모든 시설에도 적용됨	지정·재지정
	2. 직전평가결과가 우수하다.	☐	☐	☐			1. 행정처분을 받은 기관 : 한 단계 하락 2. 노인학대로 행정처분을 받은 기관 : E등급 　① A등급 : 5점 　② C등급 이상 : 3점 　③ C등급 미만 : 1점 3. 시설을 기준으로 함 : 예) 법인산하 시설 중 C등급을 받은 곳이 있더라도 다른 시설에 영향을 미치지 않음	지정·재지정
	3. 시설장을 포함한 직원 중 행정처분을 받은 자가 없다.	☐				☐	1. 장기요양요원의 행정처분이력 　가. 급여제공제한처분이 6개월 이상인 경우 : 감점 5점 / 종사자 인당 　나. 급여제공제한처분이 1년 이상인 경우 : 감점 10점 / 종사자 인당 　　① 부당청구관련 처분이력 　　② 노인학대관련 처분이력 　　③ 재무회계규칙 위반이력 　　④ 평가 또는 조사관련 거부이력 2. 위 감점기준은 지정신청일 기준 6년 이내 업무정지일수의 합으로 산출 3. 시설을 기준으로 함 : 예) 법인산하 시설 중 행정처분이력이 있는 직원이 근무하더라도 다른 시설에 영향을 미치지 않음	지정·재지정

☐ 95점 이상 : 재지정 가능
☐ 94점 ~ 85점 : 철저히 준비하면 재지정 가능
☐ 84점 ~ 80점 : 재지정 위험
☐ 80점 미만 : 재지정 불가

1. 운영규정

항목	점검사항	점수 5	점수 4	점수 3	점수 2	점수 1	확인사항	관계성
1. 운영규정 등	1-1. 기관의 사업이념, 목적, 비전 등이 명확히 제시되어 있다.	☐	☐	☐	☐	☐	① 운영규정 등에 작성하거나 게시 ② PPT	지정·재지정
	1-2. 「노인복지법시행규칙」, 「근로기준법」 등 노동관계법, 다른 관련법령에서 정한 바에 따라 운영규정이 적절하게 작성되어 있다.		☐		☐		「노인복지법시행규칙」: [별표 5의 3 : 입], [별표 10의 3 : 주, 단, 요, 목, 간, 복] ① 정원 및 모집방법 ② 계약(기간, 목적, 보증금, 월 이용료와 기타 부담금, 신원인수인의 권리의무, 계약해지와 해제, 보증금의 반환 등) 단, 장기요양은 보증금을 받을 수 없으므로 의미가 없음 ③ 보증금, 이용료 등 비용의 변경방법과 절차 ④ 서비스내용 및 비용 ⑤ 사업자의 배상책임, 면책범위 ⑥ 인력(조직, 인사), 보수, 복리후생, 안전보건, 고충처리, 개정방법과 절차 ⑦ 운영위원회, 인사위원회 등의 설치와 운영 ⑧ 당해연도수가표 등 **준비사항**: ① 기관의 사항황에 맞는 자체적 운영규정의 충실한 제작 : 기록 ② 열람가능장소에의 비치 : 현장 - 사무실 또는 직원책상 - 보기 쉬운 곳에 게시 **검토 및 확인사항**: ☐ 운영규정 내에서 11개 항목 이외에 첨부해야 할 것 : 예, 당해연도수가표 ☐ 운영규정이 개정되었다면 절차 확인을 위한 기록물 ① 운영규정개정을 심의한 운영위원회의록 ② 운영규정개정을 의결한 이사회회의록 ☐ 급여제공지침과 연동	지정·재지정 지도점검 평가 등
	1-3. 법인시설의 경우 운영규정 내용이 법인정관이나 법인운영규정을 위반하지 않는다.		☐		☐	☐	① 운영규정이 정관내용에 위배되는지 여부 ② 운영규정이 법인운영규정에 위배되는지 여부	사회복지 노동관계
	1-4. 운영규정을 노동관청에 신고하고, 변경 시에도 신고한다.		☐		☐		① 상시근로자 10인 이상 ② 운영규정과 취업규칙의 (내용상) 동일성 여부	노동관계
	1-5. 운영규정을 관할 지자체에 제출하고, 변경 시에도 제출한다.		☐		☐		「노인복지법시행규칙」: [별표 5의 3 : 입], [별표 10의 3 : 주, 단, 요, 목, 간, 복]	지도점검

	항목						확인사항	구분
	1-6. 운영규정 제·개정 시 절차를 준수한다.	☐	☐	☐	☐	☐	① 기록물(직원회의결과보고서, 운영위원회회의록, 이사회회의록) ② 직원회의(의견수렴) → 운영위원회 심의 → 대표결재(법인의 경우에는 이사회 의결)	지정·재지정 평가 등
	1-7. 운영규정이 누구라도 열람가능한 곳에 비치 또는 게시되어 있다.		☐		☐		① 운영규정의 비치 여부 ② 운영규정 개요 등의 게시여부 준비사항 ☐ 기관 내 게시사항 + 정보변경 시 즉시 수정 게시 + 누구라도 볼 수 있는 장소 ① 운영규정의 개요 ② 직원근무체계(월 또는 주별 근무현황표) 및 급여제공직원현황 : 각 층별 + 직종, 성명, 사진 ③ 급여의 종류 ④ 노인학대신고기관 ⑤ 전문인배상책임보험증서 사본 : 가입기간 확인 ⑥ 직전 장기요양기관평가결과 ⑦ 월간 프로그램계획표 ☐ 기관이용안내서 비치(게시) : 기관내부게시정보 + 기관특성 + 우수사례 등	평가
1. 운영규정 등	1-8. 노사협의회를 구성하고, 정기적으로 회의하고 있다.		☐		☐		① 상시근로자 30인 이상 ② 노사협의회 규정을 노동청에 신고하는지 여부 ③ 분기별 1회 이상 정기적으로 노사협의회의를 하는지 여부 : 직원회의 참조 상시 근로자 10인 이상 → 근로자의견수렴(확인서) → 관할 노동사무소 신고 기안·시행문(1-1) 취업규칙 or 운영규정첨부 1 2 취업규칙신고 시 규정에 포함되어야 할 사항 1. 업무시작시간·종료시간, 휴게시간 2. 휴일·휴가, 교대근무 3. 임금·최저임금·계산·결정·산정기간·지급방법과 시기·인상 4. 수당·상여(있는 시설의 경우)·계산·지급방법 등 5. 퇴직·정년·퇴직급여 등 6. 근로자의 식비·작업비품(용품) 등의 부담 7. 휴가·휴직·연차·산전후·육아휴직 등 8. 안전과 보건·성·연령·신체조건 등에 따른 작업환경개선 등 9. 업무상·업무 외 상병, 재해부조 10. 포상·제재 11. 기타 상시 근로자 30인 이상 → 노사협의회구성(사용자·근로자대표) → 사용자대표·근로자대표 각 3~10인, 동수로 구성 / 의장(1인 이상)·간사(사용자측·근로자측 각 1인) → 관할 노동사무소 신고 기안·시행문(1-1) 노사협의회규정제출 노사협의회의 개최 : 분기별 1회 이상 → 노사협의회의 개최 시 직원회의로 인정 Ⅳ-7 참고 노사협의회 신고 시 규정에 포함되어야 할 사항 1. 협의회의 위원의 수 2. 근로자위원의 선출 절차·후보 등록 3. 사용자위원의 자격 4. 협의회 위원이 근로한 것으로 보는 시간 5. 협의회의 소집·회기·협의회 운영 등 6. 임의중재 방법·절차 등 7. 고충처리위원의 수·고충처리	노동관계 평가
	1-9. 직원들이 숙지하고 있다.	☐	☐	☐	☐	☐		평가

2. 조직

항목	점검사항	점수 5 4 3 2 1	확인사항	관계성
2-가. 시설·인력 등 조직체계	2-가-1. 운영규정세칙이 마련되어 있다.	☐ ☐	「노인복지법시행규칙」: [별표 5의 3 : 입], [별표 10의 3 : 주, 단, 요, 목, 간, 복]	임의사항
	2-가-2. 「노인복지법시행규칙」 및 운영규정에서 정한 바에 따라 시설기준을 갖추고 있다.	☐ ☐ ☐	① 「노인복지법시행규칙」: [별표 4의 1~4 : 입], [별표 9의 1~2 : 주, 단, 요, 목, 간, 복] ② 입소의 경우 특별침실을 두고 있고, 사용수칙(사용대상 및 절차, 사후절차, 유의사항 등)이 마련되어 있는지 여부	지정·재지정 평가 현지조사
	2-가-3. 「노인복지법시행규칙」, 「노인장기요양보험법시행규칙」 및 운영규정에서 정한 바에 따른 인력을 갖추고 있다(아래 ※ 참조).	☐ ☐	① 「노인복지법시행규칙」 준수여부 : [별표 4 : 입], [별표 9 : 주, 단, 요, 목, 간, 복] ② 「노인장기요양보험법시행규칙」 준수여부 : [별표 1의2 : 재가장기요양기관 인력기준의 특례규정에 관한 사항]	지정·재지정 지도점검 평가 현지조사
	2-가-4. (시설장을 포함한) 직원채용 시 반드시 공개모집하고 있다.	☐ ☐	① 내부에서 승진하거나, 보직변경을 제외한 경우 공개모집을 하고 있는지 여부 ② 공개채용을 홈페이지나 신문 등에 하고 있는지 여부 ③ 증빙자료를 작성·보관하고 있는지 여부	지정·재지정 지도점검
	2-가-5. 모든 종사자가 기관의 대표(설치·운영자)와 근로계약을 체결하고 있다.	☐ ☐	① 시설장이 아닌 대표(법인은 대표이사)와 매년 근로계약을 체결하고, 법정기간 동안 근로계약서를 관리·보관하고 있는지 여부 ② 입사 후 즉시 W4C 등 등록, 사회보험·퇴직연금가입신고 등 업무를 하고 있는지 여부 ③ 재무회계규칙·인건비지출비율 및 근로계약내용을 준수하고 있는지 여부 ④ 매월 임금대장과 지출결의서 등을 작성하고 있는지 여부 ⑤ 매월 급여명세서를 제공하고 그 사항에 대해 근로자로부터 확인을 받고 있는지 여부 ⑥ 근로계약에 관한 내용이 사업계획서나 직원회의록 등에 반영되어 있는지 여부 ⑦ 퇴사 후 즉시 W4C 등 등록, 14일 이내 퇴직금 지급, 퇴직금지급확인서 등 관련업무를 하고 있는지 여부 ⑧ 퇴직금 중간정산 요청 시 관련서류를 받고 지급하며, 기록·관리하고 있는지 여부	지정·재지정 평가 현지조사
	2-가-6. 시설장이 상근하고 있다.	☐ ☐	① 겸직금지 : 시설장이 장기요양분야(교육원 제외)가 아닌 다른 직을 겸하고 있는지 여부 ② 시설장의 모든 외부활동을 근무시간에서 공제하고 있는지 여부 ③ 시설장이 기관 외 장소에서 상담 등 기관업무를 수행하는 경우, 그에 대한 근거서류를 작성·관리하고 있는지 여부 ④ 상근시간 외라도 응급상황 등에 대처할 수 있도록 대비하고 있는지 여부 ⑤ ② 또는 ③에 해당하는 시간을 공제하더라도 월 기준근무시간을 충족하는지 여부	현지조사
	2-가-7. 부채비율이 60% 이하이다.	☐ ☐ ☐	입소, 주·야간 등 ① 60% 이하인지 여부 ② 80% 이하인지 여부 ③ 80%를 초과하는지 여부	지정·재지정

항목	점검사항	점수 5/4/3/2/1	확인사항	관계성

2-가.
시설·인력 등 조직체계
	2-가-8. 위기대응을 위한 조직이 체계적으로 구성되어 있고, 시설안전계획이 수립되어 있다.	☐ ☐ ☐	1. 대상별로 안전계획이 수립되어 있는지 여부
			  ① 시설물 : 시설물 안전(전기·가스·엘리베이터·수도), 소방(화재), 지진, 침수 등
			  ② 이용자 : 감염, 응급상황(질식·낙상·화상·경련·심정지 등)
			  ③ 야간
			2. 관련규정이 마련되어 있는지 여부
			  ① 물품·시설 및 안전관리지침
			  ② 야간근무지침
			  ③ 응급재난상황대응지침
			3. 위기상황운영매뉴얼, 감염모의훈련매뉴얼 등이 마련되어 있는지 여부
			4. 조직이 체계적으로 구성되어 있는지 여부(그림은 예시)
			  ① 재난관리조직 및 비상연락망
			  ② 감염관리조직 및 비상연락망
			
			위원장(방역관리자·소방관리자 : 시설장)
			지휘·통제·조정
			A. 감염관리업무
			  ① 전주시보건소에의 보고 및 신고
			  ② 위기상황 진단 및 정책수립
			  ③ 모의훈련·대책회의·교육 등 주관 및 진행
			  ④ 언론 등에의 대응
			  ⑤ 대내외상황 관리
			B. 소방·재난관련업무
			  ① 통보연락
			  ② 소화
			
			환자관리·피난유도 : 요양보호사
			A. 감염관리업무
			  ① 감염자, 유증상자, 접촉자 등 파악
			  ② 면회객 및 출입자(자원봉사자 등) 관리
			  ③ 감염환자 대응 : 격리·이송 등
			  ④ 상황판 작성 및 관리
			  ⑤ 환기 등 환경관리
			B. 소방·재난관련업무 : 피난유도
			
			행정지원·응급구조 : 간호조무사(국장)
			A. 감염관리업무
			  ① 감염자·환자 보호자에 대한 통지
			  ② 위원장에게의 보고
			  ③ 면회제한 등 안내 및 관리
			  ④ PCR검사 등 관리
			  ⑤ 예산 및 행정지원
			B. 소방·재난관련업무 : 응급구조
			
			대응관리·피난유도 : 요양보호사(가산)
			A. 감염관리업무
			  ① 방역 및 소독활동과 관리
			  ② 위생관련 시설 및 비품관리
			  ③ 역학조사 지원
			  ④ 환기 등 환경관리
			  ⑤ 통제표식관리
			B. 소방·재난관련업무 : 피난유도
			
			  ③ 직원들이 숙지하고 있는지 여부
			5. 관련교육계획이 수립되어 있고, 그에 따라 정기적으로 교육을 실시하는지 여부
			  ① 재난훈련(소방훈련)
			  ② 감염모의훈련
			6. 그 밖에 관련사항을 준수하고 있는지 여부
			  ① 전기콘센트 관리
			  ② 위험요인관리 : 위험도구 제거, 응급벨 등
			  ③ 안전손잡이·미끄럼방지처리·문턱제거 등 관리
			  ④ 휠체어이동공간확보 및 적치물 관리
			  ⑤ 전기·가스·엘리베이터·수도·소방 등 점검관리
			  ⑥ 피난안내도 관리·환기 및 기타
				지정·재지정
				지도점검
				평가

2-가. 시설·인력 등 조직체계	2-가-9. 인건비지출내역을 정기적으로 공단에 제출하고 있다.	☐	☐	매월 급여비용청구 시 전월의 인건비지출내역을 제출하고 있는지 여부	현지조사
	2-가-10. 시설 내부에 CCTV가 설치되어 있다.	☐	☐	입소시설 : 의무, 주·야간은 지역별로 다름 ① CCTV 설치·운영에 관한 규정이 마련되어 있는지 여부 : 개인정보보호지침 등 ② 관리·운영계획이 마련되어 있는지 여부 ③ 이용자·보호자·직원 등의 동의를 받았는지 여부 ④ CCTV관리책임자·촬영시간·목적·범위 등이 게시되어 있는지 여부	지정·재지정 현지조사 개인정보보호
	2-가-11. 그 밖의 법적 시설기준을 준수하고 있다.	☐	☐	① 평면도·시설구조도·비상대피도 등을 작성·관리하고 있는지 여부 ② 설비구조내역서를 작성·관리하고 있는지 여부 ③ 관련규정(물품·시설 및 안전관리규정)이 마련되어 있는지 여부	지정·재지정 평가 현지조사

※ 재가노인복지시설(주간, 단기, 요양, 목욕, 간호) 법정인력배치기준에 따른 점검사항

구분		시설장	사회복지사	간호(조무)사	물리(작업)치료사	치과위생사	요양보호사	사무원	조리원	보조원(운전사)
방문요양		1명	수급자 15명 이상인 경우 1명				15명 이상 농어촌지역 : 5명 이상			
방문목욕		1명					2명 이상			1명
주·야간 보호	이용자 10명 이상	1명	1명 이상	1명 이상			이용자 7명당 1명 이상 (소수점 반올림) 치매전담실 : 4명당 1명 이상	이용자 25명 이상인 경우 1명	1명	
	이용자 10명 미만	1명		1명 이상					1명	
단기 보호	이용자 10명 이상	1명	1명 이상	이용자 30명당 1명	1명(이용자 30명 이상)		이용자 4명당 1명 이상		1명	
	이용자 10명 미만	1명		1명					1명	
방문간호		1명		1명이상		1명 이상 : 구강위생 시				

항목	점검사항	5	4	3	2	1	확인사항	관계성
2-나. 법정인력 기준준수	2-나-1. 요양보호사의 업무범위를 명확히 준수하고 있다.	☐				☐	① 제공할 수 있는 업무 : 신체활동지원서비스·일상생활지원서비스 등 ② 업무범위 외 다른 업무에 종사하거나 지원하고 있는지 여부	현지조사
	2-나-2. 모든 규모의 주·야간, 단기보호시설에 조리원을 두고 있다.	☐				☐	조리원을 두지 않은 경우에는 전량위탁을 하고 있는지 여부 : 전량위탁을 하고 있지 않다면 조리원을 두어야 함	현지조사
	2-나-3. 1회 급식인원이 50명 이상인 시설로서 영양사와 조리원을 두고 있다.	☐				☐	① 1회 급식인원의 범위 : 입소자 + 직원 + 자원봉사자 + 그 밖의 자 ② 「식품위생법」에 따른 집단급식소 신고 등 ③ 영양사와 조리원을 두지 않은 경우에는 전량위탁을 하고 있는지 여부 : 전량위탁을 하고 있지 않다면 영양사 1명 및 조리원 2명을 모두 두어야 함 즉, 식품위생법이 우선 적용됨	식품위생
	2-나-4. 주·야간 운전원 외 다른 직원은 송영서비스를 제공하고 있지 않다.	☐				☐	① 사무원이 송영서비스를 제공하고 있는지 여부 ② 운전원 외 다른 직종의 직원(요양보호사 등)이 송영서비스를 제공하고 있는지 여부 ③ 운전원의 업무에 도움이 필요한 경우로서 일부만을 지원하고 있는지 여부	현지조사 가능성 있음
	2-나-5. 각 직종별 업무범위가 명확하다.	☐		☐		☐	각 직종별로 신고한 직종에 따라 근무하는 업무범위가 명확한지 여부 : 직무기술서	현지조사
	2-나-6. 모든 종사자가 월 기준근무시간을 준수하고 있다.	☐				☐	① 월 기준근무시간 입력에 충분한 여유가 있는지 여부 ② 근무시간 중 개인일정이 발생한 경우 정확히 관리하고 있는지 여부	현지조사

항목	점검사항	5	4	3	2	1	확인사항	관계성
2-다. 가산인력 기준준수	2-다-1. 직원을 추가배치하고 있다.	☐				☐	인력추가배치계획이 수립되어 있는지 또는 추가배치하고 있는지 여부	지정·재지정
	2-다-2. 각 직종별 업무범위가 명확하다.	☐		☐		☐	직무기술서가 마련되어 있는지 여부 ① 방문요양 사회복지사의 업무범위가 적절한지 여부 ② 야간직원의 업무장소 및 업무내용 등이 명확한지 여부 ③ 조리원·위생원·보조원·물리치료사·작업치료사 등의 업무범위가 명확한지 여부	현지조사

항목	점검사항	점수 5	4	3	2	1	확인사항	관계성
2-라. 조직관리	2-라-1. 모든 직원이 매년 건강검진을 받고 있다.	☐				☐	① 대표자가 정기적으로 건강검진을 실시하고, 결과를 제출하는지 여부 ② 모든 직원이 입사 전 건강검진을 받고, 결과를 제출했는지 여부 ③ 모든 직원이 매년 건강검진을 받고, 결과를 제출하는지 여부 ④ 건강검진비용을 지원하는 경우 복리후생과 연동·관리하는지 여부	지정·재지정 평가
	2-라-2. 모든 직원을 대상으로 정기적인 회의 및 교육을 실시하고 있다. ※ 종사자의무교육 : ① 개인정보보호 ② 퇴직연금가입 ③ 직장 내 성희롱 예방 ④ 장애인인식 개선 ⑤ 아동학대신고의무자 ⑥ 응급처치 심폐소생술 ⑦ 노인인권·노인학대예방 및 신고의무자 ⑧ 직장 내 괴롭힘 예방 ⑨ 사회복지사·간호사 등 보수교육 ⑩ 긴급복지신고의무자 ⑪ 장애인학대 ⑫ 성범죄신고의무자 등	☐		☐		☐	1. 직원교육(※ 의무교육포함)계획·직원회의계획 등을 수립하고 예산을 반영하는지 여부 2. 모든 직원이 정기적으로 교육을 받고 있으며, 기록·관리하고 있는지 여부 3. 정기적으로 모든 직원이 참여하는 회의를 실시하고 있으며, 다음의 내용을 기록·관리하고 있는지 여부 　① 운영규정의 내용 및 개정에 관한 사항 　② 직종별 업무내용이나 금지행위 등에 관한 사항 　③ 복리후생(복지) 등에 관한 사항 : 인사·급여·복리후생 등 　④ 애로 또는 고충사항 　⑤ 건의사항 및 기타 4. 노사협의회가 있는 경우 분기별 1회 이상 회의를 실시하고 있으며, 기록·관리하고 있는지 여부 5. 교육, 회의, 노사협의회의 등 결과를 사업계획 및 예산·운영규정 및 복리후생 등에 반영하고 있는지 여부 검토 및 확인 사항 : ☐ 회의내용 : 업무내용, 복지 등 기관운영사항, 건의사항, 애로사항, 고충 사항 등 ☐ 회의결과를 기관운영, 직원복지 등에 연1회 이상 반영 : 어디에 반영할 것인가	지정·재지정 평가 노동관계
	2-라-3. 분기별 1회 이상 복지 또는 포상 등을 실시하고 있다.	☐				☐	1. 운영규정 등에 복지 또는 포상에 관한 사항이 있는지 여부 2. 실시결과를 기록·관리하고 있는지 여부 　① 지출품의서 또는 지출결의서 　② 지출내역증빙자료 3. 복지 또는 포상이 임금항목과 중복되는지 여부 4. 위 2-라-1과 연동·관리하는지 여부 5. 모든 직원이 숙지하고 있는지 여부	평가

2-라. 조직관리	2-라-4. 연1회 이상 모든 직원을 대상으로 근골격계 질환증상조사를 실시하고 있다.	☐			☐	① 근골격계질환유해요인조사표 및 근골격계질환증상조사표를 작성·보관하고 있는지 여부 ② 취약(관리대상)근로자를 대상으로 고충처리지침 등에서 정한 바에 따라 필요한 조치를 하고 있는지 여부	산업안전보건 평가
	2-라-5. 직원의 건강관리를 위해 필요한 조치를 하고 있다.	☐	☐		☐	① 보조도구나 체력단련활동 등 지원을 하고 있는지 여부 ② 예방접종이나 의료비 등을 지원하고 있는지 여부	평가
	2-라-6. 직원의 모든 정보를 개인정보보호법에 따라 관리하고 있다.	☐			☐	① 개인정보제공·활용동의서, 비밀준수서약서 등을 작성·관리하고 있는지 여부 ② 모든 정보인지 여부 ③ 잠금장치나 개인별로 컴퓨터 바탕화면 비밀번호설정을 통해 관리하고 있는지 여부	현지조사 평가 노동관계
	2-라-7. 직원별 관리서류를 적정하게 작성·관리 하고 있다.	☐			☐	① 직원관리를 위한 필수서류가 갖추어져 있는지 여부 ② 정기적·주기적으로 작성·관리하고 있는지 여부 ③ 직원별로 관리하고 있는지 여부	평가 현지조사 노동관계
	2-라-8. 직원별 근무계획표·출퇴근기록부 등이 적정하게 작성·관리되고 있다.	☐			☐	① 매월 직원별 근무계획표를 작성·게시하고 있는지 여부 ② 출퇴근기록부를 작성·관리하고 있는지 여부 ③ 출퇴근기록부에 휴가·결근·출장·외부활동 등을 기재하는지 여부 ④ 출퇴근기록부에 따른 근무시간이 월 기준근무시간을 충족하는지 여부 ⑤ 출퇴근기록부를 근거로 프로그램에 입력하는지 여부	현지조사
	2-라-9. 직원의 경력기간을 명확하게 확인·관리 하고 있다.	☐			☐	① 타 기관경력 확인을 위해 경력증명서를 받아 반영·관리하고 있는지 여부 ② 자 기관경력관리를 적정하게 하고 있는지 여부	현지조사
	2-라-10. 사회복지사 등이 소속된 기관의 업무 외에 다른 업무를 수행하고 있지 않다.	☐			☐	① 사회복지사가 맞춤돌봄·복지용구 등 다른 업무에 종사하고 있는지 여부 ② 조리원이 소속된 기관의 조리업무 외에 다른 기관의 조리업무에 종사하고 있는지 여부 ③ 그 밖의 인력(물리치료사·작업치료사 등)이 다른 기관의 업무에 종사함으로 인해 월 기준근무시간을 미 충족하고 있는지 여부	현지조사
	2-라-11. 해외출국 등 직원을 근무한 것으로 등록 하고 있지 않다.	☐			☐	해외출국·병원이용 등 시간을 월 기준근무시간에서 공제하고 있는지 여부	현지조사
	2-라-12. 대표자가 시설장이 아닌 사무원·운전원· 조리원 등으로 등록되어 있는 경우라도 월 기준근무시간을 준수한다.	☐			☐		현지조사

2-라.
조직관리
	2-라-13. 직원들을 대상으로 정기적으로 업무 만족도 등을 평가하고 있다.	☐	☐	☐	☐	☐	1. 업무평가를 하고 있는지 여부
							2. 업무만족도 조사를 하고 있는지 여부
							3. 평가 및 조사에 따른 조치를 하고 있는지 여부
							  ① 운영규정에의 반영
							  ② 사업계획에의 반영
							  ③ 복리후생에의 반영
								평가

	2-라-14. 직원들은 명찰이나 유니폼을 착용하고 근무한다.	☐	☐	☐	☐	☐	① 유니폼 등을 착용하고 있는지 여부 ② 고정형 명찰을 부착하고 있는지 여부	평가
	2-라-15. 신규직원에 대해 필요한 업무를 수행하고 있다.	☐	☐	☐	☐	☐	① 신규직원교육매뉴얼이 마련되어 있는지 여부 ② 신규직원에 대해 정해진 기간 내에 필요한 교육을 실시하고 있는지 여부 ③ 업무인수인계 및 상담 등을 실시하는지 여부 ④ 기록·관리하는지 여부	평가

항목	점검사항	점수					확인사항	관계성
		5	4	3	2	1		

2-마.
사업계획
및
재무 등
	2-마-1. 매년 사업계획서를 작성·공시하고 있다.	☐				☐	1. 전년도 사업결과에 따른 평가와 결산 등이 반영된 사업계획서인지 여부
							   ① 직원회의·이용자(보호자)의견수렴 → 운영위원회 심의 → 이사회 의결 등 절차를 이행했는지 여부
							   ② 외부전문가로부터 평가를 받았는지 여부
							2. 전년도 결산서를 작성·공시했는지 여부
							3. 예산서
							   ① 재무회계규칙을 준수하는지 여부
							   ② 인건비지출비율을 준수하는지 여부
							   ③ 사무비 중 종사자 관련 교육·복지포상 등에 관한 예산수립 여부
							4. W4C 등에 공시했는지 여부
							
							검토 및 확인사항:
							☐ 사업계획서상 반영항목
							  ① 전년도의 직원회의결과 + 전년도의 사업평가결과
							  ② 당해연도의 세부사업명, 사업목표, 사업내용, 사업대상, 추진일정 + 예산
							☐ 총예산서(수입·지출) = 재무·회계규칙 → 세부사업별 예산의 적절성
							☐ 연도별 사업계획서에 따른 단위사업계획서(시행문 등) + 재무·회계규칙 세출항목상
							  ① 교육관련 : 업무추진비 중 회의비로서 직원회의·교육, 운영회의비
							  ② 복지포상관련 : 운영비 중 기타운영비로서 직원건강검진비, 직원을 위한 보험료, 직원의 포상이나 복리후생에 드는 비용, 제복 등 상용의류비, 직원 급량비
							  ③ 기능향상 프로그램 관련(주38번지표와 연동) : 사업비 중 생계비, 수용기관경비, 의료비, 장의비, 의류비, 특별급식 비, 프로그램사업비(직업재활비·자활사업비·복지용구취득비 등 포함)
							☐ 지출결의서 + 영수증 등 증빙서류
							☐ 사업 미 실시의 경우란 : 근거자료 제시(외부에서 온 공문, 기관 내 사업변경·취소 등에 관한 시행문 등)
							  ① 불가항력의 사유로 인해 미 실시한 경우 : 외부 지역사회연계프로그램이 날씨·일정변경 등으로 미 실시된 경우
							  ② 사업시행이 아직 도래하지 않은 경우
								지정·재지정
								지도점검
								평가
								현지조사 등

	2-마-2. 예산의 집행을 명확하고 투명하게 관리하고 있다.	☐	☐			☐	1. 수입
							   ① 수입결의서
							   ② 통장내역 : 주통장, 보조금통장, 후원금전용통장
							2. 지출
							   ① 지출품의서 및 지출결의서
							   ② 증빙서류 : 견적서, 사업자등록증, 통장계좌사본, 영수증, 임금대장 등
							   ③ 통장내역 : 주통장, 사회보험료통장, 퇴직적립금전용통장(퇴직연금계좌), 보조금통장, 후원금전용통장
							3. 월별합계시산표를 작성·관리하고 있는지 여부
							4. 총계정원장을 작성·관리하고 있는지 여부
								지정·재지정
								지도점검
								현지조사 등

2-마. 사업계획 및 재무 등	2-마-3. 예산변경 시 추가경정예산을 수립하고 있다.	☐			☐	① 본예산 대비 추가경정예산을 편성하고 있는지 여부 ② 사업계획이 변경된 경우 수정사업계획서를 수립·작성하고 있는지 여부	지도점검 평가
	2-마-4. 공익법인 등으로서 일정금액 이상인 경우에는 매년 회계사로부터 감사를 받고 있다.	☐			☐		지도점검
	2-마-5. 정기적으로 재물관리를 하고 있다.	☐	☐		☐	① 연1회 이상 정기적으로 하고 있는지 여부 ② 재물의 범위와 내용이 명확한지 여부 ③ 장기요양기관 재무·회계규칙에 따르는 경우 사회복지법인 산하시설이 아닌 시설이나 개인시설은 임의이나, 일부 지자체가 요구하고 있음	지도점검
	2-마-6. 개인시설로서 기타전출금을 대표가 수령하는 경우 소득세 신고를 하고 있다.	☐			☐		세법

항목	점검사항	점수 5	점수 4	점수 3	점수 2	점수 1	확인사항	관계성
2-바. 기관운영	2-바-1. 운영위원회가 구성되어 있고, 분기별 1회 이상 회의를 실시하고 있다.	☐		☐		☐	1. 사회복지사업법에서 정한 바에 따라 운영위원회가 구성되어 있는지 여부 　① 이용자 또는 보호자가 위원에 포함되어 있고, 회의 시 요구사항 또는 고충에 대해 발언하며, 그 결과가 반영되는지 여부 　② 종사자대표가 위원에 포함되어 있고, 회의 시마다 참석하여 고충·근로환경·권익 등에 대해 발언하며, 그 결과가 반영되는지 여부 2. 운영위원회규정이 마련되어 있는지 여부 3. 운영위원회의실시계획이 수립되어 있는지 여부 4. 정기적으로 운영위원회를 실시하고 있고, 회의내용이 적절한지 여부 　① 회의내용 : 운영규정, 예·결산, 사업계획 및 결과, 고충, 처우개선 등 　② 회의록의 작성 및 관리 　③ 공시 **준비사항** ① 운영위원회의 구성 : 위원장 포함 5 15인 + 외부위원 3명 및 3개 분야 이상 (보호자, 후원자, 지역주민 등) ② 회의 시마다 외부위원 1인 이상 및 근로자대표가 반드시 참석 + 발언내용 명시 ③ 대면회의만 인정 ④ 회의결과의 반영 : 기관운영, 사업계획 등 **검토 및 확인사항** ☐ 회의록 작성여부 ☐ 복수의 시설에 공동으로 운영위원회를 두는 경우 : 각 시설별로 근로자대표 참여 ☐ 참석자명단 작성여부 : 참석자 서명 ☐ 회의결과 반영여부	지정·재지정 평가 임의사항
	2-바-2. 인사위원회가 구성되어 있고, 필요 시 회의를 실시하고 있다.	☐		☐		☐	1. 외부인사를 포함한 인사위원회가 구성되어 있는지 여부 2. 인사위원회규정이 마련되어 있는지 여부 3. 인사위원회를 실시하는 사유가 명확한지 여부 : 채용, 인사·배치·승진, 포상, 고충처리(근골격계 포함), 징계, 직원인권침해 등 4. 회의록 등 기록물을 작성·관리하고 있는지 여부	지도점검
	2-바-3. 협약기관이 있으며, 교류·관리되고 있다.	☐		☐		☐	1. 의료기관(촉탁의)과 협약 또는 연계되어 있는지 여부 2. 사회복지시설 등과 협약되어 있는지 여부 3. 자원봉사단체 등 유관기관과 협약되어 있는지 여부 4. 위 1 ~ 3 등에 대한 서비스제공계획이 수립되어 있는지 여부 　① 의료기관연계계획 　② 사회복지시설 연계 및 서비스제공계획 　③ 자원봉사단체 활용계획 　④ 그 밖에 지역사회행사·보호자 등 참여계획 5. 협약기간이 지났는지 여부	지정·재지정 평가

2-바. 기관운영	2-바-4. 자원봉사자가 등록되어 있고, 정기적으로 활동하고 있다.	☐	☐	☐	☐	☐	① 자원봉사자가 등록되어 있는지 여부 : VMS, 1365 등 ② 자원봉사자가 정기적으로 활동하고 있는지 여부 ③ 자원봉사자가 프로그램을 진행하거나 투입되는지 여부 ④ 사회봉사명령이행자나 수익형 사업의 자원봉사자를 자원봉사활동에 포함하고 있는지 여부 준비사항: ① 선택 : 사업계획서 중 자원봉사자(단체)·지역사회자원 등 운영계획 + MOU 등 증빙서류 ② 주1회 이상의 자원봉사 등 활동일지(기록지) : 소속명, 일자 및 활동시간, 활동내용, 참여자원봉사자별(단체의 경우) 서명 + 사진(필요 시) ③ 전산 시 : VMS, 1365, 청소년자원봉사시스템 등을 통한 관리내역 검토 및 확인사항: ☐ 사업계획에의 반영여부 ☐ 주1회 이상 실시여부 ☐ 자원봉사자에 의해 프로그램이 진행되었는지 여부 : 중복인정 안됨(38번 지표, 프로그램은 예산사업) ☐ 사회봉사명령이행자나 수익사업자원봉사가 자원봉사활동일지에 포함되어 있는지 여부 : 인정 안됨 ☐ 설, 추석 당일을 포함하는 주는 자원봉사활동여부 확인에서 제외	지정·재지정 평가
	2-바-5. 미수금을 적절하게 관리하고 있다.	☐				☐	① 미수금관리규정이 마련되어 있는지 여부 ② 미수(본인부담금 연체 등)금 발생 시 내용증명서 등을 통해 납부를 독촉하는지 여부 ③ 미수금관리대장 등을 통해 작성·관리하는지 여부	현지조사
	2-바-6. 행정기관에의 질의를 통한 기관의사결정 시 관련부처에 서류로 질의하고 답변을 받아 처리하고 있다.	☐				☐	① 관련부처에 질의하는지 여부 : 보건복지부, 국민건강보험공단, 지자체 담당부서 ② 서류로 질의하는지 여부 : 증거 ③ 예 : 연차휴가 선사용 위반 등	현지조사
	2-바-7. 홈페이지관리를 적정하게 하고 있다.	☐					① 공단홈페이지에 게시하는지 여부 ② 내용이 변경된 경우 즉시 수정하는지 여부	현지조사 평가
	2-바-8. 정기적으로 자체평가를 실시하고, 그 결과를 반영하고 있다.	☐	☐	☐	☐		① 정기적으로 자체평가를 실시하는지 여부 ② 자체평가 결과를 다음연도 사업계획서 등에 반영하는지 여부	임의
	2-바-9. 복지·포상 또는 복리후생제도가 마련되어 있고, 정기적으로 실시하고 있다.	☐	☐	☐	☐		① 운영규정 등에 관련규정이 있는지 여부 ② 관련규정에 따라 정기적으로 실시하는지 여부 ③ 관련증빙서류가 있는지 여부 ④ 평가결과가산금을 직원에게 지급하는지 여부	평가
	2-바-10. 정기적으로 시설안전점검을 실시하고 있다.	☐	☐	☐	☐		① 정기적으로 자체점검을 하고 있는지 여부 ② 정기적으로 외부점검을 받고 있는지 여부	평가

3. 지침

항목	점검사항	점수 5	4	3	2	1	확인사항	관계성
3-가. 고충처리 지침 등	3-가-1. 고충처리절차가 포함된 지침이 마련되어 있다.	☐	☐	☐	☐	☐	1. 기록물 　① 고충처리대장 　② 고충신청서 　③ 처리결과 2. 지침의 내용 　① 고충의 정의 　② 고충신청의 대상 : 이용자(보호자)·직원 　③ 고충의 내용 　　a. 이용자 : 인권침해, 학대, 서비스 미비, 서비스 이용상 발생하는 고충 등 　　b. 종사자 : 직장 내 성희롱·성폭력, 괴롭힘, 이용자에 의한 인권침해, 서비스 　　　제공 중 발생하는 고충, 업무상 상병(근골격계 등), 운영규정에 따른 복무· 　　　임금·복리후생·승진 등 일체 　④ 고충신청방법·절차·처리방법 등 　⑤ 가해자에 대한 조치절차 및 방법 : 청문, 처리방법 등 　⑥ 피해자에 대한 조치방법 : 보호 등 　⑦ 고충예방을 위한 방법 및 기타	지정·재지정 평가
	3-가-2. 노인인권보호 및 학대예방·대응지침이 마련되어 있다.	☐	☐	☐	☐	☐	① 기록물(평가에는 이용자 측에 대한 설명만으로도 가능함) ② 설명·교육·안내(급여종별) 및 확인서명 : 주기확인(예 : 주간 분기별)	지정·재지정 평가
	3-가-3. 직원인권침해대응지침이 마련되어 있다.	☐	☐	☐	☐	☐	① 기록물 ② 교육실시결과기록	지정·재지정 평가
	3-가-4. 매년 1회 이상 전 직원을 대상으로 교육을 실시한다.	☐	☐	☐	☐	☐	1. 주기 : 매년 1회 이상 2. 교육실시결과기록 　① 고충처리지침 　② 노인인권보호 및 학대예방·대응지침 　③ 직원인권침해대응지침(인권침해, 성폭력·성희롱·괴롭힘 및 업무범위·부당 　　요구대응 등 포함)	지정·재지정 평가
	3-가-5. 교육실시를 위한 연간사업계획이 수립되어 있다.	☐	☐	☐	☐	☐	① 사업계획서에 반영되어 있는지 여부 ② 예산서에 반영되어 있는지 여부	지정·재지정 평가
	3-가-6. 모든 직원이 숙지하고 있다.	☐	☐	☐	☐	☐	위 3-가-4. 참조	평가
	3-가-7. 고충처리함이 설치되어 있다.	☐	☐	☐	☐	☐	각 층별 1개 이상(고충처리함·진정서함) 설치되어 있는지 여부(평가에는 시설별 1개)	평가

항목	점검사항	점수 5	점수 4	점수 3	점수 2	점수 1	확인사항	관계성
3-나. 급여제공 지침 등	3-나-1. 급여제공지침이 마련되어 있다.	☐				☐	1. 급여제공지침 및 하위지침 마련 여부 ① 종사자윤리지침(각 직종별(사회복지사, 간호(조무)사, 요양보호사 윤리) ② 낙상예방관리지침 ③ 감염예방관리지침 ④ 욕창예방관리지침 ⑤ 치매예방관리지침 ⑥ 개인정보보호지침 ⑦ 응급·재난상황대응지침 ⑧ 송영지침(이동서비스수칙)	지정·재지정 평가
	3-나-2. 신규입사자를 대상으로 교육 및 인수인계를 실시한다.	☐				☐	1. 급여개시 전까지 교육을 실시하는지 여부 2. 교육내용이 적정한지 여부 ① 노인인권보호지침 + 응급상황대처 + 비상연락망(재난 및 감염) ② 수급자 건강상태, 가정 및 생활환경, 특이사항 등 ③ 시설운영규정, 직무기술서 등 3. 교육 시 인계자(전임자)와 교육자가 참석하는지 여부 4. 직원교육실시결과기록부	평가
	3-나-3. 모든 직원을 대상으로 연1회 이상 교육을 실시한다.	☐				☐	① 연1회 이상 정기적으로 실시하는지 여부 ② 직원교육실시결과기록부	지정·재지정 평가
	3-나-4. 직원교육에 소요되는 비용이 예산에 반영되어 있다.	☐				☐		지도점검 평가
	3-나-5. 모든 직원이 숙지하고 있다.	☐	☐	☐	☐	☐		평가
	3-나-6. 서비스제공인력 변경 시 업무이관 및 전달이 적절하게 이루어지고 있다.	☐	☐	☐	☐	☐	업무인수인계서를 작성하는지 여부(평가에서는 요구하지 않음)	평가
	3-나-7. 차량관리가 적절하게 이루어지고 있다.	☐	☐	☐	☐	☐	① 차량보험이 가입되어 있는지 여부 ② 차량관리를 실시하고 있는지 여부 ③ 차량구입 및 유지 등과 관련하여 재무회계규칙을 준수하고 있는지 여부	평가 지도점검

4. 통원형 서비스

항목	점검사항	점수 5	4	3	2	1	확인사항	관계성
계약 및 서비스	4-1. 인지지원등급자가 치매안심센터에서 쉼터 프로그램을 제공받는 날에는 주·야간보호 서비스를 제공하고 있지 않다.	☐				☐		현지조사
	4-2. 이용자가 법에서 정한 서비스 외의 서비스를 받고 있지 않다.	☐				☐	① 이용자의 가족만을 위한 서비스를 제공하고 있는지 여부 ② 이용자나 그 가족의 생업을 지원하는 서비스를 제공하고 있는지 여부 ③ 수급자의 일상생활에 지장이 없는 서비스를 제공하고 있는지 여부	현지조사
	4-3. 단기보호에 입소 중인 자에게 재가급여나 특별현금급여를 제공하고 있지 않다.	☐				☐		현지조사
	4-4. 주·야간시설의 경우 24시 이후에는 이용자를 보호하고 있지 않다.	☐				☐		현지조사
	4-5. 매년 이용계약을 체결·갱신하고, 관련된 업무를 정확히 수행하고 있다.	☐				☐	① 이용표준약관 또는 이용계약서를 작성하는지 여부 ② 계약서 부본을 이용자(보호자)에게 교부하고 있는지 여부 ③ 수급자별 급여제공계획을 수립하고 이용자 측의 동의를 받는지 여부 ④ 계약체결 시 장기요양급여계약통보서를 공단에 통보하는지 여부	평가 현지조사
	4-6. 정기적으로 급여제공기록지 등을 교부하고, 확인을 받고 있다.	☐		☐			1. 정기적으로 급여제공기록지 등을 교부하고 있는지 여부 : 월1회 이상 2. 월1회 이상 급여비용명세서를 제공하고 있는지 여부 3. 월1회 이상 식단표·월간프로그램계획·소식지(노인학대예방 및 대응방안 등 자료포함) 등을 제공하고 있는지 여부 4. 연간장기요양급여비납부확인서를 제공하고 있는지 여부	현지조사 평가
	4-7. 이용자의 모든 정보를 개인정보보호법에 따라 관리하고 있다.	☐				☐	① 개인정보수집이용제공동의서 등을 작성·관리하고 있는지 여부 ② 모든 정보인지 여부 ③ 잠금장치나 비밀번호설정을 통해 관리하고 있는지 여부 ④ 시설장을 포함한 모든 종사자가 비밀준수서약서를 작성하고 관련의무를 이행하고 있는지 여부	지정·재지정 평가 개인정보보호 현지조사
	4-8. 이용계약 또는 재계약 후 이용자관리파일·이용신청서 등을 작성한다.	☐	☐	☐	☐		① 이용자관리파일 및 이용신청서(임의) ② 작성주기 : 계약 시 및 재계약 시	지정·재지정 평가
	4-9. 전문인배상책임보험을 적정하게 가입·관리하고 있다.	☐				☐	정원초과 시 추가로 전문인배상책임보험을 가입하는지 여부	현지조사

항목	점검사항	점수 5	4	3	2	1	확인사항	관계성
계약 및 서비스	4-10. 계약 후 즉시 이용·입소신고(등록)한다.	☐				☐	① 실제 이용·입소일과 등록일자가 다른지 여부 ② 등급외자도 등록하는지 여부	현지조사
	4-11. 인지활동형 프로그램을 적절히 제공하고 있다.	☐				☐	① 인지활동형 프로그램관리자가 프로그램계획을 수립하는지 여부 ② 프로그램관리자, 치매전문요양보호사, 관련자격증을 소지한 외부강사가 프로그램을 제공하는지 여부 ③ 1회 60분 이상 제공하는지 여부	현지조사
	4-12. 주·야간시설에서 1회 13시간을 초과하여 이용자를 보호하는 경우 이에 따른 적절한 조치를 하고 있다.	☐				☐	이용자의 동의내용 및 요청사유를 급여제공기록지에 기록하는지 여부	현지조사
	4-13. 주·야간보호시설이 방문목욕을 함께 운영하는 경우 같은 날 두 가지 서비스를 제공하지 않는다.	☐				☐	① 같은 날 서비스를 제공하는지 여부 ② 위의 경우 한 종류의 비용만 청구하는지 여부 ③ 그 밖에 서비스제공시간 중 이용자가 다른 서비스를 이용하고 있는지 여부	현지조사
	4-14. 주·야간시설로서 송영기준을 준수한다.	☐		☐		☐	① 등록한 차량인지 여부 ② 보험에 가입되어 있는지 여부 ③ 송영서비스 이용자가 아닌 자를 서비스이용자로 청구하는지 여부 ④ 동승자가 있는지 여부	지정·재지정 현지조사
	4-15. 치매전담형 시설로서 시설장, 요양보호사, 프로그램관리자 모두 치매전문교육을 이수했다.	☐				☐	공단이 시행하는 치매전문교육의 이수 여부	지정·재지정 현지조사
	4-16. 치매전담형 시설로서 프로그램관리자가 근무하고 있다.	☐				☐	치매전문교육을 이수한 프로그램관리자가 근무하고 있는지 여부	지정·재지정 현지조사
	4-17. 이용자나 종사자 모두 치매전담실과 일반실을 혼용하여 사용하지 않는다.	☐				☐	① 이용자가 치매전담실과 일반실을 모두 이용하는지 여부 ② 종사자가 치매전담실과 일반실 모두에서 근무하는지 여부	현지조사
	4-18. 근무하는 종사자만을 등록신고한다.	☐				☐	① 이용자가 치매전담실과 일반실을 모두 이용하는지 여부 ② 종사자가 치매전담실과 일반실 모두에서 근무하는지 여부	현지조사
	4-19. 실습생이나 자원봉사자 등 관리를 적절하게 하고 있다.	☐	☐	☐	☐	☐	① 자원봉사자 등이 등록되어 있는지 여부 : 1365 등 ② 자원봉사자 등 활동이 정기적으로 이루어지는지 여부	평가

항목	점검사항	점수 5	4	3	2	1	확인사항	관계성
계약 및 서비스	4-20. 의료기기나 의약품 등에 대한 관리가 적절하게 이루어지고 있다.	☐				☐	① 간호인력이 의료기기나 의약품을 관리하는지 여부 ② 의료기기를 적절하게 비치·관리하고 있는지 여부 ③ 약품보관함의 잠금장치를 통해 약품관리가 적절하게 이루어지고 있는지 여부 ④ 정기적으로 의료기기나 약품을 점검하고 있는지 여부	평가 현지조사
	4-21. 다른 기관의 서비스를 이용하는 자를 이용자로 등록하지 않는다.	☐				☐		현지조사
	4-22. 식품위생 등에 대한 관리가 적절하게 이루어지고 있다.	☐				☐	① 조리원·영양사·사무원 등이 아닌 요양보호사가 주방이나 식당을 점검·관리·기록하는지 여부 ② 식품의 유효기간을 정기적으로 확인·관리하는지 여부	평가 현지조사
	4-23. 이용자가 개인적으로 외출 또는 외박한 시간은 공제하고 청구한다.	☐				☐		현지조사
	4-24. 급여개시 전까지 이용자 등에 대한 평가 및 조사를 실시하고 있다.	☐	☐	☐	☐	☐	1. 급여개시 전까지 하고 있는지 여부 2. 조사의 종류가 적정한지 여부 　① 낙상위험도 평가 　② 인지기능평가 　③ 욕창위험도평가 　④ 욕구평가(욕구사정) : 신체, 질병, 인지, 의사소통, 영양, 가족 및 환경, 주관적 욕구, 자원이용 등 　⑤ 그 밖의 개별욕구 등	평가
	4-25. 위 평가와 조사를 매년 정기적으로 실시하고 있다.	☐	☐	☐	☐	☐	매년 실시하고 있는지 여부 : 회계연도 기준	평가
	4-26. 급여제공계획에 따라 서비스를 제공하고 있다.	☐	☐	☐	☐	☐	① 급여제공기록지상 기록의 적절성 여부 ② 변경 급여제공계획에 따른 사유·상담 등 절차 및 기록의 적정성 여부	평가
	4-27. 적절한 감염·위생관리를 실시하고 있다.	☐	☐	☐	☐	☐	① 일상소독을 실시하고 있는지 여부 ② 분기별 1회 이상 외부전문소독을 실시하고 있는지 여부(살균·살충·살서) ③ 식당·조리실 등에 대한 위생점검을 하고 기록·관리하는지 여부 : 요양보호사 등이 위생점검을 하는지 여부 ④ 위생급여에 관한 사항을 준수하고 있는지 여부	평가 현지조사 식품위생

항목	점검사항	점수 5	4	3	2	1	확인사항	관계성
계약 및 서비스	4-28. 급여제공계획의 수립과 변경이 적절하게 이루어지고 있다.	☐	☐	☐	☐	☐	① 급여제공계획 수립 시 위 관련내용을 적절히 반영하고 있는지 여부 ② 개인별장기요양계획에 따른 급여제공계획을 변경하는 경우 그 사유와 이용자·보호자 등과 상담(상담일지)하고 동의를 받고 있는지 여부 ③ 그 밖의 사유로 급여제공계획을 변경하는 경우 이용자·보호자와 상담하는지 여부 ④ 급여제공계획서 작성 시 필수기록사항이 누락되어 있지 않은지 여부	평가
	4-29. 모든 이용자 또는 보호자에게 서비스제공에 필요한 안내와 설명 및 자료를 교부하고 있다.	☐	☐	☐	☐	☐	1. 시설장 또는 관리책임자 등이 모든 이용자에게 안내·설명·교부하고 있는지 여부 2. 안내·설명·교부하는 내용이나 자료가 적절한지 여부 　① 이용표준약관 　② 급여제공안내 및 서비스이용설명에 대한 확인서 　③ 개인정보수집 및 이용제공동의서 　④ 종사자윤리서약서(이전 평가지표에 있었던 사항임) 　⑤ 관절구축예방 　⑥ 감염예방 　⑦ 낙상예방 　⑧ 배변도움 　⑨ 욕창예방 　⑩ 치매예방 　⑪ 탈수예방 　⑫ 노인인권 및 노인학대예방 : 정기적으로 교육하는지 여부 　⑬ 직원인권 및 급여범위에 따른 부당요구금지 　⑭ 이동서비스수칙	평가
	4-30. 적절한 식사를 제공하고 있다.	☐		☐		☐	① 영양사가 식단표를 작성하는지 여부 ② 식단표를 기관 내에 게시하고 매월 이용자나 보호자에게 송부하는지 여부 ③ 식단표에 따라 음식을 제공하는지 여부 ④ 개인욕구를 반영하여 식사를 제공하는지 여부 ⑤ 식사제공 전·후로 요양보호사 등이 손 씻기 등 위생관리를 하는지 여부 ⑥ 원칙적으로 식당에서 식사를 하는지 및 식사환경이 적절한지 여부 ⑦ 식사 시 식수를 제공하는지 여부 ⑧ 식사 후 복약서비스를 제공하는지 여부 ⑨ 복약 후 양치 등 구강관리를 실시하는지 여부 ⑩ 급식일지를 작성하는지 여부	평가

항목	점검사항	점수 5	점수 4	점수 3	점수 2	점수 1	확인사항	관계성
	4-31. 목욕서비스제공기준에 맞게 서비스를 제공한다.	☐				☐	① 목욕서비스제공인력이 2인 이상인지 여부 ② 목욕 전·후 상태변화를 관찰·기록하는지 여부 ③ 욕조 등을 적절하게 관리하는지 여부	평가 현지조사
	4-32. 신체기능·인지기능·여가지원을 위한 프로그램을 적절히 제공하고 있다.	☐		☐		☐	① 상시 기능회복훈련을 제공하고 있는지 여부 ② 주3회 이상 신체기능 및 인지기능프로그램을 제공하고 있는지 여부 ③ 정기적으로 사회적응프로그램을 제공하고 있는지 여부 ④ 급여제공기록지 등에 기록하고 있는지 여부	평가 현지조사
계약 및 서비스	4-33. 모든 직원이 안전배려의무를 준수한다.	☐	☐	☐	☐	☐	① 학대가 있는지 여부 ② 이용자의 안전(낙상·질식·화상 등)에 관한 주의의무를 준수하는지 여부 ③ 응급상황 발생 시 적정 절차와 방법을 준수하는지 여부 **준비사항** ☐ 잠금장치 　① 자동개폐장치 : 모든 외부출입구 & 모든 계단출입구 + 비상 시 잠금해제여부 확인 　② 잠금장치 : 주방 + 잠금이 되어 있어야 함 ☐ 시설 내부 전체의 채광(창문 & 창문개폐가능여부) 및 조명상태 & 환기장치설치여부 + 작동 + 청소상태 ☐ 온·습도계 : 층별 1개 이상 ☐ 위험요인 제거 　① 전기콘센트 : 플러그형 마개(사용하지 않는 콘센트 전체) 　② 주방 외 부탄가스·칼·가위 등 도구 & 세제 등 오인사고요인 제거 ☐ 입소는 모든 수급자를 위한 환경조성 : 정서적 안정감 + 수급자 옛날 사진이나 좋아하는 소품 등 **준비사항** ☐ 안전손잡이(가구 등 고정식 비품이 있는 곳은 제외) : 복도양쪽 모두 & 목욕실+ 욕조+ 샤워기 주위 & 화장실 (세면대 + 변기) & 프로그램실 벽 전체 & 싱크대 & 간호사실·운동치료실 & 엘리베이터 내 등 ☐ 미끄럼 방지처리 : 목욕실 & 화장실(바닥전체 : 부분처리는 미 인정) 및 시설 내 전체 ☐ 문턱제거(2cm 이하) : 출입구 전체 & 생활실(침실) & 프로그램실 & 화장실 & 식당 & 목욕실 & 실내 전체 ☐ 휠체어 이동공간 확보 　① 교차가 가능해야 함(건축물의 피난·방화구조 등의 기준에 관한 규칙 참조) 　② 복도 · 계단 · 출입구(비상구) 등에 있는 적치물 철거 　③ 생활실 & 프로그램실 & 식당 & 화장실 & 목욕실 등 : 휠체어 출입가능 여부	평가 소송

항목	점검사항	점수 5	4	3	2	1	확인사항	관계성
	4-34. 응급상황발생 시 적정절차 등을 준수한다.	☐	☐	☐	☐	☐	① 응급조치 → 119 등에의 신고 → 보호자 등에의 알림 → 관련업무수행 → 기록 ② 6하원칙에 따른 기록을 하고 있는지 여부	소송
계약 및 서비스	4-35. 정기적으로 가족과 소통하고 있다.	☐	☐	☐	☐	☐	정기적으로 보호자회의를 실시하고 있는지 여부	평가

	4-36. 존엄한 서비스를 제공하고 있다.	☐	☐	☐	☐	☐	**준비사항**
							☐ 존엄성을 배려한 급여란? : 11번지표와 연동
							  ① 서비스제공자의 존칭사용(언어·행동.태도. 호칭 등)
							  ② 서비스제공에 대한 전·후 알림 및 설명
							  ③ 식사제공과정
							  ④ 목욕실이동 시 및 목욕 후 : 수급자 탈의상태나 몸 닦기 등
							  ⑤ Vital Check 시 과정
							  ⑥ 체위변경이나 이동도움 시
							  ⑦ 이용자의 단체복 착용여부
							  ⑧ 화장실 이용 시 도움
							☐ 이용자 및 보호자 면담
							
							준비사항
							☐ 침실별 이동식 칸막이 1개 이상 구비 또는 침대별 커튼 설치
							☐ 수급자별 개인물품보관함 설치
							☐ 남여구분 침실
							☐ 개인의복 착용
							☐ 침실 출입구에 수급자 성명부착
							☐ 생활의 자유보장
							☐ 개인정보보관함 잠금장치
								평가

항목	점검사항	점수 5	4	3	2	1	확인사항	관계성
계약 및 서비스	4-37. 정기적으로 상담하고, 그 결과를 반영하여 서비스를 제공하고 있다.	☐	☐	☐	☐	☐	1. 시설장 또는 사회복지사가 정기적으로 상담하는지 여부 2. 상담내용이 적정한지 여부 　① 기본상담 : 상태, 욕구, 건의, 고충 　② 급여제공직원이 변경된 경우 　③ 프로그램상담 : 인지, 기능회복(신체), 여가, 가족지지, 지역사회, 사회적응 등 　④ 개인별장기요양계획이 변경된 경우 　⑤ 종결 시 3. 상담결과를 충실하게 반영하고 있는지 여부 　① 상태변화 　② 급여제공 　③ 사례회의 4. 기록·관리하고 있는지 여부 5. 기록 간에 연계성이 있는지 여부	평가
	4-38. 급여제공과정에서 의료기관의 치료나 의료적 처치가 필요하다고 판단한 경우 미리 보호자 등에게 알리고 필요한 조치를 하고 있다.	☐	☐	☐	☐	☐		지도점검 현지조사
	4-39. 이용자나 보호자 등에게 정기적으로 안전관리에 관한 사항을 교육·고지하고 있다.	☐	☐	☐	☐	☐	준비 사항 ☐ 가정 내 자료비치 + 급여개시일부터 14일 이내 이용자(보호자)에게 설명 　① 욕창예방안내 　② 낙상예방안내 　③ 탈수예방안내 　④ 배변도움안내 　⑤ 관절구축예방안내 　⑥ 치매예방안내 　⑦ 선택: 노인인권보호지침 ☐ 입소는 분기별 1회 이상, 주간·단기는 연회 이상 설명(교육) : 모든 수급자 + 교육 미실시 경우 사유(근거기록) ☐ 안전한 급여제공+ 고의적인 상처가 있는지 확인	평가
	4-40. 정기적으로 상태를 관찰하고, 그 결과를 반영하고 있다.	☐	☐	☐	☐	☐	① 정기적으로 상태를 관찰하는지 여부 : 목욕은 서비스 전·후로 관찰하는지 여부 ② 상태변화관찰의 종류와 내용이 적절한지 여부 : 신체기능, 인지기능, 욕구변화 ③ 변화가 관찰된 경우 그 결과를 적절하게 반영하는지 여부 : 급여제공기록·사례회의·상담 등	

항목	점검사항	점수 5	점수 4	점수 3	점수 2	점수 1	확인사항	관계성
계약 및 서비스	4-41. 정기적인 사례회의를 실시하고, 그 결과를 급여제공기록지 등에 반영하고 있다.	☐	☐	☐	☐	☐	사례회의록 ① 정기적인 사례회의 실시 여부 ② 사례회의의 재료가 이용 시 욕구사정 등 조사지, 상담일지, 상태변화기록지, 급여제공기록지 등으로부터 온 것인지 여부 ③ 사례회의의 결과가 급여제공기록지, 상담일지 등에 반영되었는지 여부 ④ 사례회의의 결과가 급여제공결과평가에 반영되었는지 여부 ⑤ 사례회의의 결과가 다음연도 사업계획에 반영되었는지 여부(평가에는 없음)	평가
	4-42. 급여제공계획 및 급여제공에 따른 결과 등을 정기적으로 평가·반영하고 있다.	☐	☐	☐	☐	☐	① 급여제공계획 및 급여제공에 따른 결과를 정기적으로 평가하는지 여부 ② 평가한 내용을 적절한 기간 내에 다음연도(다음 차례) 급여제공계획에 반영·작성하는지 여부	평가
	4-43. 모든 이용자나 보호자에게 정기적으로 만족도 조사를 실시하고 있다.	☐	☐	☐	☐	☐	① 정기적으로 만족도조사를 실시하고 있는지 여부 ② 조사결과를 급여제공계획에 반영하고 있는지 여부	평가
	4-44. 이용자에게 퇴소 등 사유가 발생한 경우 전원 연계기록지를 작성하고 있다.	☐	☐	☐	☐	☐	① 퇴소나 다른 기관으로 전원한 경우에 작성하는지 여부 ② 퇴소일에 상담을 실시·기록하는지 여부 ③ 전원연계기록지 부본을 이용자나 보호자에게 제공하는지 여부	평가

저자 : **장 봉 석**
노동 복지법학박사

1. 장기요양관련 주요이력

- 보건복지부 장기요양재심사위원회 위원
- 사단법인 복지국가소사이어티 이사
- 전주시 치매안심센터 지역협의체 위원·지역사회치매협의체 위원
- 사단법인 치매케어학회 이사 / 전 회장
- 한국노동복지법학회 이사
- 군산간호대학교 겸임교수
- 고령친화산업지원센터 자문위원
- 전주시 지역사회통합돌봄자문위원회 위원
- 김제시 어르신섬김위원회·고령친화도시 조성위원회 위원
- 전)국민건강보험공단 노인장기요양평가지표자문위원
- 전)한국재가노인복지협회 부회장 / 전)전북재가노인복지협회장
- 전)전주시 장기요양기관지정심사위원회 위원

2. 주요활동사항

- 장기요양분야 강의 및 컨설팅 등 :
  지정·재지정, 시설경영·운영, 평가, 재무·회계, 노무, 현지조사, 돌봄사고, 치매, 사례관리 등
- 사회복지분야 강의 및 컨설팅 등 :
  보건·의료·복지법학, 복지행정, 시설운영, 평가, 재무·회계, 노무, 인권, 사례관리, 사회보험·사회보장, 사회복지실천, 사회복지정책, 성년후견, 웰다잉, 자원봉사, 커뮤니티 케어, 4차산업 등
- 사회보장플랫폼 개발·연구 및 보급
- 돌봄표준시트 기반 플랫폼시스템 개발사업

3. 사회복지·장기요양관련 경력

- 전)엠마오노인복지센터장
- 전)이양재노인종합센터장
- 전)한국재가노인복지협회 부회장·이사 / 전북재가노인복지협회장
- 전)국민건강보험공단 노인장기요양평가지표 자문위원
- 전)전라북도치매협의체 위원
- 전)전주시 지역사회보장협의체 대표협의체 부위원장·실무협의체 위원장
- 전)국민건강보험공단 장기요양급여심사위원회 위원
- 전)국민건강보험공단 치매전문교육 강사
- 전)전주시 장기요양기관지정심사위원회 위원

4. 저서 등

- 장기요양기관평가 대비 매뉴얼
- 성년후견제도 Q&A
- 내일을 위한 엔딩노트 : 나에게 쓰는 편지
- 계약형 복지사회와 복지법학
- 복지법학 개정판
- 노인복지시설 업무프로세스(사회보장 Industry 4.0)
- 치매케어텍스트북(공저)
- 사회복지법제와 노동법, 그리고 복지법학,
- 장기요양기관 현지조사 관련 사례와 쟁점

5. 연구

- 노인장기요양보험 시행 이후 노인복지법의 역할에 관한 소고
- 다기능형 재가노인복지시설의 역할과 제도적 정립에 관한 연구
- 사회복지서비스계약에 관한 연구
- 사회복지서비스계약의 법적 쟁점과 과제 : 노인장기요양보험제도를 중심으로
- 노인장기요양보험제도와 현장과의 괴리에 관한 법학적 관점에서의 고찰 : 서비스제공사업자를 중심으로
- 경기도 양주시 및 인근지역의 장기요양기관 추이와 서울시 장기요양공급체계에의 시사점 : 노인의료복지시설을 중심으로
- 노인돌봄체계의 개선방안에 관한 법적 고찰 : 재가(가정방문형)서비스를 중심으로
- 사회보장플랫폼에 관한 고찰 : 돌봄영역에서의 행동설계기반 플랫폼을 중심으로
- 스마트도시에서 사회보장플랫폼 기반의 사회서비스 개선방안을 위한 법적 고찰
- 사회보장플랫폼과 스마트시티에의 적용가능성에 관한 연구
- 사회보장플랫폼과 비대면 돌봄에 관한 고찰
- 돌봄사고 처리제도의 개선방안에 관한 연구 : 장기요양사고에 관한 한국·일본·독일을 중심으로
- 치매관리법 개정방안에 관한 연구 : 치매관리법상 주요쟁점을 중심으로 외 다수

6. 특허 등 지적재산권

- 장기요양서비스 이용설명서 : 한국저작권위원회
- 사회복지(장기요양)업무프로세스 : 한국저작권위원회
- 장기요양서비스 이용설명서 : 한국저작권위원회
- 행위패턴인식을 이용한 관리시스템 : 특허 제10-1944100호(현재해외등록국가 : 일본, 미국)
- 행동설계기반의 사회보장시스템 : 특허 제10-2209797호
- 수급자별 서비스기록지 : 특허 제10-2259243호
- 돌봄표준시트 : 영업비밀보호센터 2023001773호

저작권등록번호 : 제C-2023-044656호

지정 · 지정갱신, 평가, 모니터링, 현지심사, 현지조사, 지자체 지도점검 등
대비 및 종합관리체계 구축을 위한

통원형(주·야간, 단기) 장기요양기관 체크리스트

발　　　행	2023년 10월 23일
지 은 이	장 봉 석
펴 낸 이	사단법인 복지마을 · 주식회사 JP S&P
편　　　집	장 봉 석
기　　　획	장 봉 석
마 케 팅	사단법인 복지마을 · 주식회사 JP S&P
디 자 인	다락
펴 낸 곳	사단법인 복지마을 · 주식회사 JP S&P
전　　　화	063)226-7244
홈페이지	www.bokjimaeul.com

값 33,000원
ISBN 979-11-985628-1-4
ⓒ 복지마을

copyrightⓒ 사단법인 복지마을, 2023, Printed in Korea
※ 잘못된 책은 교환해 드립니다. 본서의 무단복제행위를 금합니다.
※ 저자와 협의하여 인지첨부를 생략합니다.